Dr K M A Ahamed Zubair

O primeiro poeta árabe do Sul da Índia

Dr K M A Ahamed Zubair

O primeiro poeta árabe do Sul da Índia

Shaik Sadaqathullah Appa: Grande académico de Tamil Nadu

ScienciaScripts

Imprint

Any brand names and product names mentioned in this book are subject to trademark, brand or patent protection and are trademarks or registered trademarks of their respective holders. The use of brand names, product names, common names, trade names, product descriptions etc. even without a particular marking in this work is in no way to be construed to mean that such names may be regarded as unrestricted in respect of trademark and brand protection legislation and could thus be used by anyone.

Cover image: www.ingimage.com

This book is a translation from the original published under ISBN 978-620-7-47853-8.

Publisher:
Sciencia Scripts
is a trademark of
Dodo Books Indian Ocean Ltd. and OmniScriptum S.R.L publishing group

120 High Road, East Finchley, London, N2 9ED, United Kingdom
Str. Armeneasca 28/1, office 1, Chisinau MD-2012, Republic of Moldova, Europe
Printed at: see last page
ISBN: 978-620-7-71451-3

O primeiro poeta árabe do Sul da Índia

Shaik Sadaqathullah Appa:
Grande académico de Tamil Nadu

Dr. K.M.A.Ahamed Zubair
Professor associado de árabe, The New College,
Chennai 600 014, Índia

Editor-chefe: NOVA Journal of Arabic Studies
North York, ON, **Canadá**

Editor: International Journal of Literature
Língua e Linguística (IJLLL)
Mousie NH 03738-4508 EUA

اللغة العربية تحمل كلمة الله، وروح محمد ﷺ، وسر الإسلام،

Esta obra foi dedicada aos missionários islâmicos indianos (1500-1800)

Prefácio

Na história da Índia, houve académicos árabes em todas as épocas. Estes contribuíram para vários domínios da literatura árabe. Entre estes estudiosos encontram-se aqueles cuja inteligência, eloquência e proeza linguística são excepcionais. Estudiosos islâmicos, estudiosos da língua árabe, poetas talentosos e anciãos islâmicos fizeram esforços tremendos para difundir a língua árabe. Os seus contributos continuam a ser significativos até aos dias de hoje, ao serviço da religião, da língua árabe, da literatura e muito mais.

Tamil Nadu é um dos famosos estados históricos do sul da Índia. Situado no extremo sul da Índia, Tamil Nadu cobre uma área de 133.038 quilómetros quadrados. Faz fronteira com a Baía de Bengala a leste, com o estado de Kerala a oeste, com Andhra Pradesh e Karnataka a norte e com o Sri Lanka e o Oceano Índico a sul. As pessoas que conhecem Tamil Nadu reconhecem o seu interesse e a sua atenção aos estudos árabes e islâmicos.

A relação fraterna entre os árabes e o povo de Tamil Nadu remonta a tempos antigos, mesmo antes do tempo de Jesus Cristo. O árabe era considerado uma língua comercial entre as duas comunidades e ganhou uma aceitação considerável. Muitos académicos e poetas compuseram literatura valiosa e poemas famosos, enriquecendo a sociedade tamil. Após o advento do Islão, Tamil Nadu ficou fortemente ligado aos árabes e à sua língua. Os muçulmanos de Tamil Nadu dedicaram-se a aprender o árabe e a ensiná-lo aos seus filhos. Como resultado, Tamil Nadu produziu centenas de académicos e poetas proeminentes, cujas obras notáveis em língua árabe constituem um tesouro de imenso valor académico.

Estas obras testemunham o interesse dos muçulmanos de Tamil Nadu pela língua árabe e o seu cuidado com ela. Tamil Nadu produziu indivíduos raros e personalidades excepcionais. Na sequência de estudos aprofundados, numerosos académicos, poetas, cientistas, génios, escritores, historiadores, teólogos, estudiosos, investigadores, intelectuais, reformadores, pensadores, educadores, jornalistas e comunicadores deram contributos tangíveis que enriqueceram grandemente os estudos islâmicos. O mundo islâmico deve gratidão a estes tamilianos exemplares pelo seu serviço duradouro e pelas suas realizações notáveis, reconhecidas até pelos árabes. Entre eles conta-se um luminar da língua árabe e das ciências islâmicas do nosso Estado, o reformador Sheikh Madhur Rasool Sadaqathullah Appa, nascido nesta região.

Dr. K M A Ahamed Zubair

Conteúdo

Shaik Sadaqathullah Appa al- Qahiri al- Shafi'yyi
(1042-1115AH) (1632-1703 AD)

O Xeique Sadaqatullah, o terceiro filho do Xeique Sulaiman, era um erudito em teologia, jurisprudência e misticismo. Começou por estudar com o seu pai. Foi depois enviado para Adirampattinam para completar a sua educação em teologia e formação em misticismo com Shaik Al-Makhdoom Abdul Qadir. O Xeque Sadaqathullah tinha alcançado proficiência em todos os ramos das ciências islâmicas, especialmente na língua e literatura árabes. Parece ter compreendido perfeitamente o vocabulário, as expressões idiomáticas, as frases e os provérbios utilizados no Maqamat de Hamadani e Hariri. O Xeique Sadaqathullah foi em peregrinação a Meca e permaneceu nos lugares santos durante dois anos. As pessoas que sabiam árabe ficaram muito impressionadas com a sua erudição em teologia, jurisprudência e misticismo e com o seu domínio da língua árabe. Havia estudantes que aprendiam com ele o Sharh-al-Minhaj شرح المنهاجde Ibn Hajar Makki. Ele já havia composto vários poemas longos em louvor ao Profeta e aos grandes santos. Aí pensou em quintuplicar (acrescentando 3 hemistíquios a um dístico e tornando-o assim 5 hemistíquios, chamado em árabe مخمس) o longo poema القصيدة الوتريةcomposto por Abu Bakr de Bagdade. Concluiu-o após o seu regresso à Índia. As pessoas conheciam-no com o título de مادح الرسول(O Panegirista do Profeta). Segundo ele, ter um amor implícito pelo Profeta fazia parte da firme crença em Deus.

O Xeique Sadaqathullah também visitou Deli e teve discussões literárias com alguns dos árabes, que foram muito apreciadas por aqueles que estavam presentes nessa assembleia. O imperador Aurangzeb, ao ouvir a sua erudita erudição em teologia, ofereceu-lhe, em 1109 A.H., o cargo de قاضي القضاة, que ele recusou e, quando o imperador voltou a insistir na sua aceitação, pediu-lhe que nomeasse o seu filho Shaik Muhammad Labbai Alim como presidente do Supremo Tribunal do Sul da Índia. Shaik Sadaqathullah deixou as seguintes obras em árabe.

توضيح الدلالة في تصحيح الجلالة

استدعاء الأعلام إلى دعاء عتبة العلام

تقطيف الجاني إلى تصريف الزنجاني

تخميس وتذييل على القصيدة الوترية

تخميس البردة لكعب بن زهير

تخميس البردة للبوصيري

Os académicos da família Sadaqathullah Appa contribuíram significativamente para a religião, a literatura e a língua árabe, à semelhança do que fizeram os académicos árabes a nível mundial. Os académicos desta família acreditavam que o Islão e a língua árabe eram como os olhos da humanidade. Estes estimados estudiosos prestaram serviços inestimáveis e substanciais para divulgar a língua árabe e o Islão através da composição de livros, poemas, elegias e várias obras literárias em literatura árabe e ciências religiosas islâmicas.

Sadaqathullah Appa, frequentemente designado por Sheikh Sadaqathullah Appa, foi um venerado académico e reformador islâmico. Os seus contributos para a religião, a literatura e a língua árabe foram substanciais, sobretudo em Tamil Nadu, na Índia. Era conhecido pelos seus ensinamentos, escritos e esforços para promover os estudos islâmicos e a língua árabe na região. A sua influência e dedicação granjearam-lhe respeito e reconhecimento no seio da comunidade académica islâmica.

A posição da poesia panegírica em Tamil Nadu é uma forma de expressar sentimentos religiosos através de uma literatura refinada. Tem origem em corações sinceros e dedicados. A maior parte da poesia panegírica surgiu após a morte do Profeta. Normalmente, o que se diz após a morte de alguém é designado por elegia (Ritha), mas quando se trata do Profeta, é designado por louvor (Madh).

Parece que ignoram o facto de o Profeta, a paz esteja com ele, ter falecido, dirigindo-se a ele como se estivesse vivo, falando-lhe como se fala com os vivos. O objetivo da poesia panegírica é aproximar-se de Deus, divulgando as virtudes da religião e louvando as qualidades do Profeta. O seu elogio não foi apenas uma tentativa, como outros poetas que procuram obter ganhos através do elogio. A sua poesia não era apenas o resultado de uma intensa emoção religiosa para a equiparar à poesia panegírica.

A poesia panegírica foi buscar a sua substância criativa e a sua visão islâmica, em primeiro lugar, ao Alcorão e, em segundo lugar, à Sunnah do Profeta. As fontes secundárias da poesia panegírica encontravam-se em livros exegéticos que narravam de forma viva a vida do Profeta.

A poesia panegírica, que louva o Profeta (PECE), continua a ser um dos objectivos proeminentes da poesia árabe em Tamil Nadu desde o seu início até hoje. Os poetas de poesia panegírica de Tamil Nadu contribuíram, tal como os poetas árabes, como Hassaan ibn Thaabit, Kaab ibn Zuhayr, Imam Al-Busiri e Imam Abu Bakr ibn Muhammad Al-Baghdadi (R.A), para a sua propagação a nível mundial. Entre eles contavam-se o xeque Sadaqathullah Appa, o xeque Takya Sahib, Maulana Baqir Agha e o xeque Muhyiddin. A maioria destas composições assemelhava-se ao estilo dos poetas árabes e continuou a crescer com mais poetas de poesia panegírica deste grande Estado, continuando até hoje.

Os temas iniciais da poesia árabe em Tamil Nadu podem ter começado com regras religiosas e da Sharia e com questões necessárias para os muçulmanos aderirem no seu quotidiano, tal como a poesia entre os árabes. Inicialmente, organizaram pequenas frases, depois dísticos e, mais tarde, poemas relacionados com necessidades religiosas, questões da Sharia ou jurisprudência. Embora a maior parte destes não tenha permanecido na memória das gerações devido à falta de escrita e de memorização, contribuiu para a formulação de mais poesia. O pioneiro da poesia árabe em Tamil Nadu, o xeque Sadaqathullah Al-Qahiri, introduziu um método novo e único entre os árabes, "Takhmis" (criação de um pentágono de versos através da revisão e estilização) de poemas antigos famosos, aplicando-o para acrescentar mais estrofes.

O Sheikh Sadaqathullah Appa dedicou-se a louvar o Profeta, que a paz esteja com ele, e afirmou no seu poema:

"As minhas jóias poéticas em louvor de Muhammad
Iluminar todas as épocas exceto Maomé
Para aquele que o exalta, o fogo, se for encontrado pelo fogo, apaga-se
Os jardins da felicidade, a recompensa do louvador de Ahmad
Um ouvido atento, todos os corações se empenham"

O xeque Sadaqathullah Appa ganhou mais reconhecimento pela sua poesia em rima do que em prosa, porque os seus poemas foram impressos desde o início. As pessoas daquela região liam, admiravam e elogiavam a sua poesia, porque ela testemunhava o auge do seu conhecimento, habilidade e mestria na composição poética.

Naqueles tempos, a poesia era o único meio de um indivíduo demonstrar o seu conhecimento e inteligência aos outros da sua comunidade. É provavelmente por esta razão que as pessoas consideravam o poeta de qualquer país, comunidade ou língua como o mais conhecedor e eloquente de entre eles. Os eruditos muçulmanos capazes de compor poesia e conscientes de versículos do Alcorão como "E os poetas - são aqueles que são seguidos pelos desviantes..." descobriram que, se o Islão não os proibia, também não os desencorajava de compor poesia como desejavam. Além disso, viram que o Profeta, que a paz esteja com ele, permitiu que Kaab ibn Zuhair o elogiasse, dizendo: "De facto, há sabedoria na poesia e, de facto, há eloquência na expressão", pelo que se permitiram utilizar as suas capacidades literárias, orientando a sua poesia para o elogio do Profeta, que a paz esteja com ele, na maior parte do tempo e, ocasionalmente, elogiando aqueles que amavam e menos favoreciam.

Considerando os poetas indianos em árabe, de norte a sul e de leste a oeste, os seus temas favoritos seleccionados na poesia eram "louvor e recomendação". Em primeiro lugar estavam os poemas compostos em louvor do Profeta, seguidos de poemas de outros temas.

O xeque Sadaqathullah Appa foi um importante pensador islâmico durante um período de declínio muçulmano devido aos portugueses e aos francos que entraram e se estabeleceram na região de Tamil Nadu entre o início do século XVI e o final do século XVIII d.C. Foi um erudito islâmico, pregador, reformador, sufi e defensor contra os portugueses e as suas actividades contestatárias. O Xeque Sadaqathullah Appa estava bem ciente dos desafios do seu tempo quando assumiu a importante tarefa de registar os pareceres jurídicos indianos baseados em interesses benéficos para os julgamentos. Dedicou os seus esforços ao desenvolvimento das mentes muçulmanas, elucidando as regras da Sharia, preparando-se para convidar as pessoas para o Islão, explicando-lhes os regulamentos da Sharia, utilizando a sua caneta para este fim e alcançando grande sucesso com ela. Quando o Xeque Sadaqathullah Appa estava pronto, Deus abençoou-o com o êxito da Sua beneficência.

Nascido em 1042 AH em Qahirapattanam, era o terceiro filho do seu pai, o Xeque Sulaiman Wali. Os descendentes da família do

Xeque Sulaiman desempenharam funções religiosas, científicas e culturais no Sul da Índia desde o início do século XVI d.C. Pertenceu à linhagem do califa Abu Bakr al-Siddiq (que Alá esteja satisfeito com ele). Os antepassados do xeque Sadaqathullah Appa faziam parte de um grupo que emigrou do Egipto para a Índia no século III do calendário islâmico. Estudiosos proeminentes desta família contribuíram significativamente para a divulgação dos ensinamentos islâmicos e para a promoção da língua árabe na região de Tamil Nadu.

O xeque Sadaqathullah Appa aprendeu as ciências islâmicas fundamentais com o seu pai, o xeque Sulaiman. No seu poema "Al-Qaseedah al-Witriyah", exprime-se :

**"Sulaiman, a minha origem, o meu guia e o meu professor,
Por ele e pela minha mãe, peço perdão".**

Depois disso, o pai escolheu eminentes académicos como o Xeque Abdul Qadir Shinnina Labee, um grande erudito que lhe incutiu o amor pelo conhecimento e adornou o seu coração com dedicação. Beneficiou imenso da companhia e experiência de Shinni nas ciências religiosas e do seu domínio da língua árabe. Em louvor de Shinnina, ele disse:

"Em jurisprudência, tive um professor muito estimado,

Generoso e nobre, compreendendo as acções para o povo.

Ensinou-me jurisprudência, adornou-me com conhecimento,

E vestiu-me de pareceres jurídicos e licenças".

O xeque Sadaqathullah Appa era uma figura conhecida pela sua dedicação e empenhamento na educação e na reforma. Desde tenra idade, demonstrou inteligência, clareza e nobreza, tendo memorizado o Alcorão logo no início da sua vida. As suas viagens pela Índia e outros países permitiram-lhe beneficiar dos estudiosos de Deli.

Reconhecido pelo sultão Aurangzeb pelas suas virtudes, foi-lhe atribuído o título de "Rei dos Poetas" pelos seus poemas panegíricos de louvor ao Profeta Maomé (a paz esteja com ele). Apesar de lhe ter sido oferecido o estimado cargo de juiz principal para o Sul da Índia, recusou-o, recomendando em vez disso o seu filho, o Xeque Muhammad Lebbai.

O seu projeto arquitetónico para as mesquitas, distinguindo entre espaços interiores de oração e áreas exteriores para várias actividades religiosas e sociais, tornou-se um modelo adotado pelo povo, promovendo o envolvimento da comunidade nas mesquitas. Os seus ensinamentos despertaram o amor, a cooperação, a unidade e o fervor religioso entre os fiéis, revitalizando as ciências islâmicas e fomentando a fé e a piedade.

Os escritos académicos e religiosos do Sheikh Sadaqathullah Appa abrangem vários domínios e os seus esforços educativos levaram-no às cidades sagradas, impressionando outros com as suas explicações sobre a obra de Ibn Hajar Al-Asqalani.

A sua vida foi dedicada ao ensino, à orientação e à promoção do legado islâmico e das acções de caridade. Tornou-se uma figura importante na criação de mesquitas na região de Tamil Nadu, o que lhe valeu a reverência de uma autoridade orientadora na comunidade.

Durante o seu tempo, o Xeque foi um profundo estudioso em vários domínios, dominando os meandros da língua árabe através do seu vasto conhecimento de expressões idiomáticas, provérbios e expressões, que integrou habilmente na sua arte linguística. Estudiosos de renome, como Shahabuddin, elogiaram as suas proezas linguísticas, manifestando admiração pelo seu domínio das subtilezas linguísticas e da eloquência.

Sayed Muhammad, também conhecido como Imam Aroos, elogiou o Sheikh Sadaqathullah Appa, descrevendo-o como o epítome de um carácter nobre, um guia para os adoradores, um modelo exemplar para os ascetas, possuidor de excelentes maneiras, compaixão e bondade.

Viveu 73 anos, iluminando o coração das pessoas e orientando-as nos seus caminhos. O Xeque Sadaqathullah dedicou a sua vida à divulgação do Islão e ao enriquecimento dos estudos árabes, deixando um legado duradouro em Tamil Nadu. Reverenciado e respeitado, as pessoas referiam-se a ele carinhosamente como "Appa", que significa um ancião venerado ou um sábio erudito.

Viajou extensivamente pelo Norte da Índia, incluindo Deli, onde se encontrou com o governante Mughal Aurangzeb na Grande Jama Masjid. O encontro da lenda teve lugar durante as patrulhas nocturnas do rei. A relação entre o soberano e o Xeque Saadaqathullah manteve-se até ao falecimento do Xeque, em 1703, tendo o rei enviado o seu enviado, Dalpat Rao, para apresentar condolências à família do Xeque em Kilakkarai, aquando da sua morte.

O xeque Sadaqathullah é autor de numerosos poemas que exaltam as virtudes do Profeta Maomé (que a paz esteja com ele), e as suas composições poéticas em louvor do Profeta continuaram a ser celebradas e veneradas.

Xeique Sadaqatullah (1042-1115 A.H.)

Verificou-se que as primeiras chegadas árabes ao Sul da Índia chegaram a Malabar por mar e, posteriormente, expandiram-se para as regiões interiores do Sul. No ano 232 A.H. (846 D.C.), um grupo de emigrantes muçulmanos viajou do Egipto liderado por Muhammed Khalji, um descendente de Hazrath Abu Bakr, o primeiro califa do Islão. Desembarcaram perto de Kayalpattinam, dando-lhe o nome de Qahirapattinam, em homenagem à sua origem, al-Muqattam, uma zona montanhosa perto do Cairo. Jaya Veera Rajuguru Buwich Chakravarthi, o rei Chola do Reino Pandyan, cuja capital era Madurai, acolheu e concedeu asilo a estes migrantes. Concedeu-lhes direitos de propriedade sobre as zonas onde se instalaram, documentados numa placa de cobre tamil datada de Sagaptam 798, ano keelaga, mês de Meenam, Sukravaram (sexta-feira) uttirawaylai, que corresponde a uma sexta-feira antes de 14 de abril de 875 d.C.

Os antepassados do Xeique Sadaqatullah também se encontravam entre estes migrantes egípcios para o Sul da Índia. Ele era o terceiro filho de Shaikh Sulaiman (1000-1079 A.H.), descendente de Sadaq Ibrahim, Khan Shaikhu, Shaikh Abdul Qadir, Hussain Kutti, Hasan Zari e Abdullah, todos descendentes de Hazrath Abu Bakr.

O Xeique Sulaiman, nascido em Kayalpattinam vinte e dois anos após o falecimento do Xeique Shahul Hameed Meeran Abdul Qadir de Nagore (que morreu no dia 11 de Jamadi II em 978 A.H.), foi incutido por ele com o fervor de levar uma vida honesta e reta e de pregar a piedade, a veracidade, a retidão e a justiça. Os muçulmanos aderiram aos ensinamentos do Alcorão e às tradições do Profeta, depositando fé naqueles que reivindicavam a descendência de Hazrath Shaikh Abdul Qadir Jilani. Poetas em árabe e tamil elogiaram o Profeta, a sua filha Fátima, o genro Hazrath Ali e os netos Hasan e Hussain. Os santos de várias ordens, como a Qadriya, a Chishtiya, a Suhrawardiya e a Naqshbandiya, eram venerados, sendo-lhes atribuídos milagres. O Xeque Shahul Hameed de Nagore, o seu mentor Xeque Mohammed Ghouse de Gwalior (falecido em 970 A.H.) e Khawja Moinuddin de Ajmer foram especialmente honrados, com versos laudatórios compostos em seu louvor.

Shaikh Nather Wali de Trichinopoly e outros. Apesar de adoptarem o tâmil como língua materna, os muçulmanos do extremo sul continuaram a estudar a língua e a literatura árabes. Recitavam o Alcorão com entoação e pronúncia mais precisas do que os seus homólogos dos distritos do norte do atual Tamil Nadu. Por fim, começaram a utilizar a escrita árabe para exprimir ideias mundanas e profundas em tamil, modificando as letras para se adaptarem à fonética tamil. Esta escrita ficou conhecida como Tamil Árabe.

O Xeique Sulaiman cresceu neste ambiente devoto. Inicialmente, estudou com o Xeque Shamsuddin (que faleceu em Shaban 1032

A.H.), sepultado no recinto da mesquita Kodmiara Siru Naina Palli, em Kayalpattinam. Mais tarde, recebeu formação em teologia islâmica e misticismo de Al-Makhdoom Shaikh Abdul Qadir al-Siddiqui, também conhecido como Chinna Labbai Alim (982-1071 A.H.) de Adirampattinam. Era conhecido como um grande santo da sua época e tinha predito que uma jovem rapariga, mais tarde casada com o Xeique Sulaiman, teria cinco filhos justos. O próprio Xeique Sulaiman referiu-se a esta profecia num dos seus poemas.

A linhagem do Xeique Abdul Qadir remonta a Mulla Ahmad-al-Hafiz do Iémen, que se estabeleceu no Sul e fundou Yamaneespuram em Adirampattinam. Por volta de 1050 A.H., Al-Makhdoom Shaikh Abdul Qadir construiu uma mesquita congregacional em Adirampattinam. Enquanto caminhava pelas ruas de Yamaneespuram, observou uma vez uma jovem de uma família respeitada e comentou que via "cinco pérolas" no seu ventre, exprimindo a esperança de que Deus desse à luz estas crianças virtuosas de acordo com a Sua vontade.

Shaikh Sulaiman foi um distinto teólogo, jurista, místico e escritor de sucesso, tanto em árabe como em tâmil. Entre as suas obras, compôs vários poemas longos em árabe, incluindo o Marthiya Lamiyya. Faleceu na quinta-feira, dia 19 de Rabi-ul-Awwal, no ano de 1079 AH, e repousa no recinto da mesquita Maraikkar Palli, em Kayalpattinam. Foi pai de cinco filhos ilustres:

1. Xeique Chinna Shamsuddin (1035-1092 A.H.), nomeado em homenagem ao professor do seu pai, Xeique Shamsuddin. Está sepultado no cemitério da mesquita Siru Naina Palli, em Kayalpattinam.

2. Shaikh Ahmad, cujas datas de nascimento e morte são desconhecidas. Descansa no cemitério de Manjakkollai, no distrito de Tanjore.

3. Shaikh Sadaqatullah (1042-1115 A.H.), cuja vida e realizações são descritas em pormenor nas páginas seguintes.

4. Xeique Sam Shihabuddin (1045-1121 A.H.), sepultado no recinto da mesquita congregacional em Kayalpattinam.

5. Xeique Salahuddin (1051-1098 A.H.), sepultado no cemitério de Kalaikkadu Yerwadi.

Todos os cinco irmãos eram muito inteligentes e estudiosos dedicados, proficientes em teologia, jurisprudência e misticismo. Ganharam fama como escritores conceituados, tanto em árabe como em tâmil. O Xeique Shihabuddin é o autor do Mawlid-al-Rasool, com 495 linhas, e do Miran Mawlid, com 175 linhas, em árabe. Também escreveu vários textos em tâmil, incluindo orações, acordos de dote e escritos sobre jurisprudência e tradição islâmicas.

Shaikh Shihabuddin é autor do Mawlid-al-Rasool em árabe, com 495 versos, e do Miran Mawlid, com 175 versos. Além disso, compôs vários textos em Tamil:

1. Tozhigai Malai (oração)
2. Ngaya Malai
3. Minha Malai
4. Nalwar Malai (quatro)
5. Aru Imam Malai (seis imãs)
6. Kalyana pitru Malai
7. Togai Malai (dote)
8. Sira Malai
9. Hadidu Manikkam Malai (gemas de Hadith)
10. Peria Hadidu Malai (Hadith longo)
11. Sinna Hadidu Malai
12. Adabu Malai
13. Amru Malai
14. Shurut Malai
15. Naseehat Malai (longa)
16. Naseehat Malai (curta-metragem)
17. Parayilu Malai
18. Tanbaku Malai (Tabaco)
19. Rasool Malai
20. Miran Malai
21. Nabi Malai.

O Xeique Salahuddin, o irmão mais novo, é autor de Umdat-al-Hullaj em árabe. Compôs também um Mawlid em louvor do Profeta, utilizando vários metros e passagens oratórias em prosa e poesia. As suas contribuições promoveram significativamente os ensinamentos do Profeta do Islão. Faleceu a 21 de Rajab, no ano de 1121 A.H.

O Xeque Sadaqatullah, o terceiro filho do Xeque Sulaiman, era uma figura erudita em teologia, jurisprudência e misticismo. Inicialmente, estudou com o pai e, procurando a intercessão do Profeta para a sua família, exprimiu a sua reverência em poesia. Prosseguiu os seus estudos de teologia e misticismo com Shaikh Al-Makhdoom Abdul Qadir em Adirampattinam, reconhecendo a sua dívida para com o seu estimado professor.

O Xeque Sadaqatullah distinguiu-se em todos os ramos das ciências islâmicas, nomeadamente na língua e literatura árabes. Demonstrou um profundo conhecimento do vocabulário, das expressões idiomáticas, das frases e dos provérbios que se encontram no Maqamat de Hamadani e Hariri. O Xeique Shihabuddin elogiou os seus feitos.

O texto que se segue visa louvar o Xeque Sadaqatullah pelo seu profundo conhecimento e erudição em vários domínios, incluindo a teologia, a jurisprudência, o misticismo e a língua árabe. O texto menciona a sua peregrinação a Meca e a sua estadia durante dois anos, durante os quais impressionou os académicos árabes com a sua erudição e o seu domínio da língua, sublinhando ainda o facto de ter ensinado aos alunos o Sharh-al-Minhaj de Ibn Hajar Makki. A última frase parece discutir o seu estilo poético, mencionando o seu uso de quintuplicação, que envolve a adição de três hemistíquios a um dístico para torná-lo cinco hemistíquios, conhecido em árabe como محمس.Esta passagem fornece uma visão sobre as proezas intelectuais de Shaikh Sadaqatullah e suas contribuições para vários campos do conhecimento, particularmente no mundo de língua árabe.

"Fiquei maravilhado com a quintuplicação da nobre letra *seen*, depois *dal*, seguida de *qaf* e *ha*, com adorno e empenho, sem paralelo na expressão ao longo dos tempos. Isto deve-se às histórias do Profeta como muçulmano, ao seu conhecimento de jurisprudência como An-Nawawi, e à sua elevação na compreensão e elucidação de significados. A sua inovação na sintaxe fazia lembrar a época de Sibawayh e, na poesia, era semelhante à de Al-Khalil. Na linguagem e na expressão de opiniões, assemelhava-se a Ash-Shafi'i e, na sabedoria, à era de Bistami. Na espiritualidade, era como Muhyiddin Ibn Arabi, e na eloquência da escrita, reminiscente do tempo de Ghazali. Na obediência, semelhante a Al-Bannani e Malik, e no julgamento, elogiado como Yazuri e Ibn Damdam. Os seus belos atributos são vastos como um mar extenso. Um poema laudatório para o Xeque Xeque Al-Mashhur, com o nome de Alá acrescentado, adornado com louvores sem medida.

Por isso, maravilhai-vos, ó povos, com aquele que percorre a senda, com o seu companheiro e com o governante conhecedor. Na ciência da interpretação do Alcorão, semelhante a Khidr, como o autor do resumo e dos segredos ocultos. Na morfologia, como Izzi, e Az-Zamakhshari como o autor do Dicionário da Seda, juntamente com Az-Zuhri, Ahmad e An-Nu'man, o orgulho das palavras eloquentes repletas de todas as jóias. Como Shibli Junaid e As-Sari, em generosidade, como Al-Hatim, e em pureza, como Ibn Al-Yasar e Ja'far. Na beleza do seu semblante, radiante como a seda iluminada, que a paz esteja com ele, dos humildes servos".
("Marthiyya Haqqiyya", *Uma elegia genuína* a Shahabuddin)

O longo poema, Qaseedat al-Witriyya, foi composto por Abu Bakr, filho de Maomé, de Bagdade. Concluiu-o após o seu regresso à Índia, onde era conhecido pelo título de Madih-al-Rasool, o panegirista do Profeta. Segundo ele, o amor implícito pelo Profeta era uma parte essencial da firme crença em Deus. Ele expressou-o:

"Das condições da fé monoteísta é o amor por ele, tão abençoado seja o anseio por ele como meu amor, e a glória do meu Senhor que meu coração o ame. Dominado pela saudade, escondido da sobriedade".

Em devoção, dedicou o seu tempo e talento a elogiar o Profeta:

"Muhammad ilumina todos os tempos, além de Muhammad, as jóias dos meus versos em louvor, para quem o exalta, mesmo que o fogo o toque, suas chamas diminuem. Os jardins da felicidade, a recompensa de exaltar Ahmad, o ouvinte, e toda a bondade que ele concede."

E continua noutros versículos:

"Louvor eterno para ele no universo, louvor contínuo sem fim, e mesmo se contado infinitamente, é incontável. Quando isolado com o Senhor e velado, uma mensagem é enviada estabelecendo uma estação sem precedentes, e véus de majestade encontram refúgio."

E noutro lugar, ele articula:

"Em perpetuidade, louvor para ele em sucessão, contínuo, louvor sem fim, e mesmo se contado numericamente, é incontável. Quando deixado sozinho com o Senhor e protegido, uma mensagem é enviada, estabelecendo uma estação não estabelecida antes, e véus de majestade encontram bases."

Estes versos reflectem a profunda devoção e reverência que Abu Bakr tinha pelo Profeta Maomé, sublinhando a importância de o louvar e amar como parte integrante da fé.

"Tivemos o louvor do amado como nosso sustento, assim como sua menção é apreciada entre as reuniões. Com a sua graça, as nossas tristezas desaparecem, e com os seus belos atributos, os nossos corações encontram consolo, tremendo de saudade e prazer.

Confiei em louvar o Escolhido, criando um jardim do paraíso no meio das chamas, sem queimaduras nem escaldões. E da maldade do maldito Satanás, e do jardim da minha confiança nele, espero alcançar um paraíso com bondade que nunca se desvanece ou murcha.

Um Profeta magnífico, inigualável nas suas qualidades, que nunca cedeu a qualquer falha, nunca se deixou influenciar por falsidades. Dignos somos nós de nos esforçarmos e de nos apressarmos em direção a ele, pois ele é aquele que é procurado e perseguido."

Assim, quem o procura e persegue (nº 12)

"Dediquei-me a louvar o Eleito, porque é o mais claro para o meu coração. Quem se ocupa com ele, é o mais sábio, e quem se afasta, é o mais tolo. Agi por ignorância, sobrecarregando as minhas costas com o que é pesado, que é a diversão, a desobediência e o pecado.

Uma vida para o coração, a sua recordação é a sua santidade, a sua passagem não deixa ossos, é obrigatório enviar bênçãos sobre ele aquando da sua recordação, uma purificação para os nossos corpos, esforçando-nos para a sua sepultura. Embarquem, visitem e recolham os despojos.

Ofereceu-nos o vinho do conhecimento, iluminando, afastando os sussurros do fundo do coração. Os seus cavaleiros não são derrotados, e o brilho da sua vida ultrapassa o brilho da lua cheia. Assim éramos nós, mas agora ele ilumina, embora frio, sem calor". (No. 23)

"Meu pai, o coração, não se satisfaz senão com o louvor, pois através dele, percorre-se o texto do Caminho Reto como se fosse um relâmpago ou como o vento que passa, pois seus mandamentos são tesouros de sua essência, assim ele alcança o melhor das duas vidas sem frivolidade". (No. 27)

Chegou mesmo a comparar o túmulo do Profeta à Casa de Alá, o principal destino dos peregrinos. Ele disse:

"Vi como se me aproximasse dos homens com seriedade quando cheguei ao seu limiar, senti a sua quietude, reverente perante o túmulo do Profeta, vi as suas testas prostradas perante ele como num sonho, e disseram que é a Casa que justifica a peregrinação." (N.º 52)

O Xeique Sadaqatullah também viajou para Deli e participou em debates literários com académicos árabes, recebendo elogios dos presentes. O imperador Aurangzeb, impressionado com os seus profundos conhecimentos de teologia e jurisprudência muçulmanas, ofereceu-lhe o cargo de Qaziul Quzat (chefe de justiça) nos distritos do sul do atual Tamil Nadu. No entanto, recusou-o e propôs o seu filho, Shaikh Muhammad Labbai Alim, para o cargo. O imperador aceitou, nomeando o seu filho como presidente do Supremo Tribunal. O Xeique Muhammad Labbai Alim serviu diligentemente até à sua morte em 1130 A.H., tendo sido sepultado em Palayamkottai.

Omer Pulavar, um proeminente poeta muçulmano tâmil, conhecia Sidakkadi (Syed Abdul Qadir), um respeitado comerciante e mais tarde Diwan de Setupati, marajá de Ramnad. Sidakkadi incitou Omer Pulavar a escrever um livro em tâmil sobre a vida do Profeta. Apresentando-o ao Xeique Sadaqatullah, este procurou os materiais necessários. No entanto, a história desenrola-se ainda mais. Como Omer Pulavar chegou adornado com anéis de ouro e vestido com trajes hindus, o Xeique Sadaqatullah não lhe demonstrou inicialmente qualquer consideração especial. Desanimado, Omer Pulavar foi-se embora. Nessa noite, o Xeque teve um sonho em que o Profeta o aconselhava a não julgar com base na aparência, mas no coração e na mente da pessoa. Omer Pulavar também sonhou com o Profeta a aconselhá-lo a visitar novamente o Xeque Sadaqatullah. No dia seguinte, Omer Pulavar recitou excelentes versos em tâmil elogiando o Profeta, impressionando o Xeque Sadaqatullah, que lhe entregou uma carta para que o seu aluno Xeque Mahmood Tibi ajudasse Omer Pulavar. Este facto levou à conclusão do "Sira Puranam", uma célebre obra-prima tamil apreciada pelos tamilianos, incluindo os não muçulmanos.

O Xeque Sadaqatullah dedicou a sua vida ao estudo, ensinando árabe e teologia. Entre os seus alunos mais notáveis contavam-se o Xeque Mahmood Tibi, autor de livros e poemas árabes, o Xeque Abdul Qadir e o Xeque Salahuddin, o seu irmão mais novo. O Xeque Sadaqatullah estabeleceu-se em Kilakarai e faleceu numa quinta-feira à noite, em 1115 A.H., tendo sido sepultado no recinto da mesquita, sendo carinhosamente recordado como "Appa" (pai).

Teve um filho e cinco filhas: Khadija, Amina, Qaziul-Quzat Shaikh Muhammad Labbai Alim (que morreu em 1130 A.H.), Zainab, Umm-e-Hani e Sarah. O seu neto, Imam al-Aroos Shaikh Muhammed Mapillai Labbai Alim, conhecido como um eminente santo e escritor, era filho de Amina, filha de Meeran Umma, filha do Shaikh Sadaqatullah. O segundo filho de Shaikh Sulaiman, neto de Qaziul Quzat Shaikh Mahammad Labbai Alim, ele próprio filho de Shaikh Sadaqatullah.

O xeque Sadaqathullah foi agraciado pela misericórdia de Deus, o que lhe permitiu destacar-se entre os seus contemporâneos no conhecimento religioso, na boa conduta, na literatura, no ensino e na pregação.

Obras em prosa:

O xeque Sadaqatullah deixou obras notáveis tanto em árabe como em tâmil. O xeque Sadaqathullah escreveu alguns livros em prosa, todos relacionados com ciências religiosas, gramática, morfologia e temas semelhantes. Inclui:

Em árabe:

1. *Tawzih-ud-Dalalah fi-Tasheeh-al-Jalalah* (توضيح الدلاله في الجلالةتصحيح)

Este livro é muito útil no que diz respeito à informação sobre como pronunciar as palavras do Alcorão. Abrange entre 110 e 130 páginas. O Xeque Sadaqathullah delineia claramente os locais onde a pronúncia das palavras e dos versos deve ser suavizada e enfatizada. Este manuscrito ainda não foi publicado e foi ensinado nas madrassas e escolas de Kilalkkarai.

2. *Dua-i-Utbatil-Allam* (استدعاء الاعلام الى دعاء عتبة العلام)

Este pequeno livro foi escrito pelo Sheikh Sadaqathullah para o benefício dos que procuram. Contém muitas súplicas, invocações, métodos de recitação de Dhikrs, contemplação, observação e informação útil para os que procuram o caminho de Alá. É bem seguido entre os homens que se inclinam para a Qadiriyya, Chishtiyya, Naqshbandiyya e outras ordens da Tariqa.

3. *Taqteef-al-Jani ila Tasreef al-Zanjani* تقطيف الجانى الى تصريف)
(الزنجاني

Este livro é uma explicação do livro de gramática de Zanjani. O livro de Zanjani, composto por 40 páginas, é ensinado em todas as escolas de árabe em Tamil Nadu, Kerala e na maioria das escolas do norte da Índia. É ensinado a principiantes em árabe e cobre as convenções de várias formas verbais e os seus significados.

Como Sadaqathullah Appa sabia que os seus alunos achavam algumas palavras difíceis nos livros prescritos, quis escrever uma explicação para elas, de modo a que os alunos pudessem compreender o seu significado sem dificuldade e memorizá-las facilmente. Assim, escreveu esta explicação clara.

4. Glossários sobre *Tafsir-al-Baidawi* e *Hayat al-Haiwan*, de Dimyari, *Ad-Durrul Manthur*, de Suyuti, e *Tibbul Azraq*.

O Xeque Sadaqathullah é autor de explicações para livros árabes como "Tafsir Anwar al-Tanzil wa Asrar al-Ta'wil", do Imã Nasir al-Din Abu al-Khair Abdullah ibn Umar al-Qadi al-Baydawi (falecido em 685 AH / 1286 CE). Escreveu anotações para a interpretação de Al-Baydawi, uma das mais importantes interpretações do Alcorão. O Sheikh escreveu notas de rodapé para clarificar frases difíceis e palavras problemáticas. Também escreveu anotações para "Al-Durr Al-Manthur" do xeque Jalal al-Din al-Suyuti (849-911 AH / 1445-1505 CE) e "Hayat al-Hayawan" de Muhammad ibn Musa al-Damyiri (1405 CE), e outros livros como "Tib al-Azraq" de Abdul Rahman ibn Ali. Estes livros, anotados pelo Sheikh Sadaqathullah Appa, estão atualmente disponíveis em al- Jaamiah Al-Aroosiya, em Kilalkkarai.

Estes são os livros atualmente disponíveis entre as obras em prosa do Sheikh Sadaqathullah Appa. Talvez tenha escrito muitos livros para benefício das pessoas em várias línguas, mas o seu coração e a sua mente inclinavam-se para o louvor do Profeta Maomé (que a paz esteja com ele). É uma virtude estar imerso na adoração de Alá Todo-Poderoso, convidando as pessoas para o bem, ensinando aos estudantes as ciências do Islão e louvando o Profeta Maomé (que a paz esteja com ele), uma vez que ele se concentrou cada vez mais em louvar o Profeta (que a paz esteja com ele) e compôs vários poemas em sua honra, levando os estudiosos muçulmanos a chamar-lhe "o louvador do Profeta".

Trabalhou também em *Takhmis wa Tazyeel alal Qaseedat al-Witriyya*, uma obra suplementar sobre o poema *Qaseedat al-Witriyya*, composto por Shaikh Abu Bakr, filho de Mohammad, de Bagdade. Este poema de renome, composto por 609 versos que louvam o Profeta, ganhou popularidade entre as ordens místicas da Índia. O Xeque Sadaqatullah considerou a possibilidade de o expandir com pentágonos adicionais, totalizando 4210 hemistíquios, parte dos quais compostos por Abu Bakr de Bagdade e o resto pelo Xeque Sadaqatullah. A linguagem, o estilo e a expressão mantiveram-se consistentes.

Os acréscimos de Shaikh Sadaqatullah ao poema não são de modo algum inferiores aos do autor original. O poema começa com os seguintes versos:

"Em nome de Alá, o Misericordioso, o Misericordiosíssimo, louvo incessante e perpetuamente Ahmad, apresentando numerosas saudações, enquanto as minhas orações enchem a terra e os céus, para aquele que detém a mais alta posição."

No último pentágono, sob a primeira letra Alif (الف), lê-se:

"Desde a juventude, tenho sido sobrecarregado com o pecado, No entanto, as ondas de transgressões sobem e descem, A minha confiança está na tua intercessão, Sem ela, para onde mais me posso virar na angústia?"

Ele próprio acrescentou oito pentágonos a cada série, por baixo de cada letra. Alguns pentágonos realçam o seu amor e reverência pelo Profeta, mostrando o seu domínio do árabe. O último pentágono do poema é:

"Louvado seja o lavar dos pecados, Pelo qual a minha alma encontra salvação na noite da interrogação, Adquiriu uma abundância de bondade, Os seus momentos brilham com a vida do seu Profeta, E a sua família e companheiros, por cujos louvores ela prospera."

Além disso, o Xeque Sadaqatullah trabalhou no *Takhmi al-Burdah de Ka'b Zuhair*, expandindo o poema de Ka'b bin Zuhair em louvor do Profeta. O verso inicial de Ka'b bin Zuhair diz o seguinte "A felicidade despontou hoje no meu coração, sem restrições, intoxicado pela sua influência, sem restrições." Shaikh Sadaqatullah quintuplicou o poema acrescentando três hemistíquios a cada um dos versos originais de Ka'b bin Zuhair. Na versão alargada de *Takhmi al-Burdah de Ka'b Zuhair*, Shaikh Sadaqatullah acrescentou um pentágono introdutório:

"Boas novas, porque o desejado foi bem sucedido, E o buscador encontrou o perdão, regozijando-se na bondade, Seus problemas desapareceram, seu triunfo assegurado, E louvado seja Deus, pelo dano evitado."

O poema original começa com estas linhas:
"Chegou o tempo da alegria e da aceitação, O meu coração, amarrado ao amor do Amado, Ligado pelo cordão da saudade, a felicidade despontou, A felicidade despontou hoje no meu coração, sem restrições, Intoxicado pela sua influência, sem restrições."

E continua:

"Louvado seja Deus, porque com fé, estou satisfeito, Abençoado com a segurança de tudo o que possa prejudicar, Guiado pela promessa do Mensageiro de Deus, E o perdão do Mensageiro de Deus, assegurado."

"Semeei a minha vida com erros, procurando desculpas, Como se confiasse em desculpas, Agora venho ao Mensageiro de Allah, procurando perdão, E o perdão do Mensageiro de Allah, aceito."

"Enquanto me escondia, a caravana partiu para a cidade do Apagão, Os meus pecados, desatentos às minhas palavras, Ó tu que rejeitaste tanto a repreensão como o louvor, Espera, guiado por aquele que concede, No Alcorão há admoestações e detalhes."

"E tu, o mais generoso dos pecadores, Por que te apressas com as queixas? Tu, o melhor doador de perdões, Por que não me levas com as palavras dos sábios? Os pecados, embora muitos em palavras."

Conclui este poema com os seguintes versos:

"O prazer de Deus, a satisfação do Onisciente, De quem emana a verdade, reconhecido e perseguido, Com a verdade, ele é vitorioso, sustentado e estimado, E sua família e companheiros,

com ele, exaltados. E aqueles que os seguem, os herdeiros do melhor."

Relativamente a *Takhmis-al-Burdah lil Busiri*, o famoso poema de Shaikh Muhammed bin Abi Sayeed al-Busiri, *Qaseedat al-Burdah,* foi desenvolvido por Shaikh Sadaqatullah. O poema começa com: "Ó chorão, **pela perda dos entes queridos, aflito, A tua saudade deles entre o povo, um sinal claro. Sei de antemão que estás seguro e em paz, Seguro, lembras-te dos vizinhos daquele caminho, Lágrimas misturadas com sangue escorreram dos olhos."**

Afirma ainda que:

"Entre as tuas faces e as tuas coxas, eu imploro-lhes, peço-lhes perdão e sinceridade, afasto-me das pessoas e do mundo, e imploro-lhes, oponho-me ao eu e ao diabo, e desobedeço-lhes, Mesmo que sejam os teus conselheiros sinceros, confia neles."

Conclui este poema com os seguintes pentágonos:

"Exponha o que o servo reclama e seja compassivo com ele, pois ele tem um coração inquieto pelo Escolhido, e seja gentil com o seu servo em ambos os reinos, pois ele suporta pacientemente quando as provações o assediam. (No.159)

Convoca um mediador para os pecadores, errantes e perdidos, para o posto onde abundam os louvores, e amanhã, todas as almas em Ti encontrarão alívio. Permite que as nuvens enviem perpetuamente bênçãos sobre o Profeta, fluindo de uma fonte em harmonia. (N.º 160)

Abrange com ele a sua família, os nossos nobres líderes e os seus companheiros que combateram os seus inimigos com zelo. Reúne com ele todos os que seguem a orientação, um grupo inabalável, como a brisa perfumada agita as palmeiras, e que as melodias deleitem o ouvido do viajante. (N.º 161)

E juntai-lhe a chuva de paz que jorra de Vós sobre o Vosso Profeta, e os relatos de uma multidão de mensageiros, profetas, luas radiantes. Depois, satisfação com Abu Bakr, com Umar, com Ali e com Uthman, que as bênçãos estejam sobre eles." (N.º 162)
E a família, os companheiros e, depois, os que os seguiram, os piedosos, os puros, os indulgentes e os generosos. Ó Senhor, por intermédio do Eleito, que alcancemos os nossos objectivos e perdoa-nos o que passou, ó Generoso.

Estes longos poemas foram impressos e publicados em Madras e noutros locais várias vezes. Temos diante de nós uma cópia que contém todos estes poemas, impressa e publicada em 1385 A.H. pela Muhammadi Press, Bombaim.

O Xeque Sadaqatullah é também autor de um livro em Tamil intitulado Tarjumat-al-Bahjah, uma biografia da vida e dos feitos do Profeta. O seu aluno, Shaikh Mahmood Tibi, elogiou-o com as seguintes palavras

"Ele, que Deus tenha piedade dele, era a estrela brilhante nos corações, o líder dos ascetas, o epítome da devoção, possuidor de excelente carácter e qualidades, vasto em bondade e compaixão, o solucionador de dificuldades e o solucionador de problemas, consolando aqueles que estavam em aflição, buscador de alegria, revelando tesouros, intérprete de mistérios, trazendo lágrimas aos olhos dos que procuram, silenciando os que discutem, bem versado em ramos e fundamentos, hábil em ciências transmitidas e racionais, não deixando nada em eloquência literária, excelência árabe, tradições proféticas, meandros do Alcorão e ciências divinas sem atingir uma visão profunda, expressão eloquente e orientação eficaz."

O Xeique Sadaqatullah tinha grande reverência pelo Xeique Abdul Qadir Jeelani de Bagdade e pelo Xeique Shahul Hameed Meeran Abdul Qadir de Nagore. Os seus poemas Qutbiyya (em 54 linhas), em louvor do primeiro, e Qaseedah Raiyah fi Gunj-i-Sawaiyah (em 20 linhas) são muito populares no Sul. Seguem-se alguns versos de cada um deles:

"Louvado seja Deus, louvado seja sempre, e graças abundantes, que derrama bênçãos e orações sobre o protetor da humanidade e sobre a sua família, companheiros e seguidores na fé."

"Oh pólo dos povos dos céus e da terra, o seu apoio Oh fonte da minha existência, a sua assistência Oh filho do mais alto, herdaste o seu legado Oh outorgador do nome "Muhyiddin", honrado em Jilan por nascimento Habitando a grandeza de Bagdade no túmulo Muitos anseiam por visitar, mas encontram Muhyiddin na sua própria casa Ergueste-te com sinceridade, devoção, ascetismo, Em promessa e pacto, todos os povos de piedade, ascetismo e esforço te invocam, ó maior auxílio Muhyiddin Quantos milagres justamente atribuídos a ti brilharam nos corações da criação Reconhecidos como os milagres dos profetas no mundo Oh tu que convidaste o seu Senhor, Muhiddin, encheste os livros escritos Contendo maravilhas, transmitindo histórias Iluminando o encontro, Deixando vestígios Elevaste a religião da orientação, oh Muhyiddin Todas as seitas concordam unanimemente com a tua perfeição Na tua excelência, estão alinhadas Mesmo os Kharijitas, pessoas de desvio e descrença, Tu és o eixo para todos, oh Muhyiddin Nenhum estudioso encontra falhas no teu caminho, nem revela uma falha Em vez disso, todos exaltam as tuas qualidades sem medida Salvaste todos os que procuravam, Muhyiddin E eu digo, quem tem um guia, eu tenho um guia, E um mentor, como se eu fosse o seu companheiro na solidão E de mim para ele há uma ligação, então sê para mim, Muhyiddin Uma visão, um guia, um caminho Tu és o seu viajante, e Deus concedeu-to Pois tu és o seu mestre, das suas tribulações, o seu salvador A autoridade de cada santo, Muhyiddin E salva-o"

"Oh meu mestre, meu xeque, e o líder dos que saem O tesouro do conhecimento, o símbolo do conhecimento raro O paciente do seu Senhor generoso e capaz Oh mestre dos mestres, Abdul Qadir".

A Gruta do Anseio, refúgio para o coração vigilante Abrigo para o fraco, segurança para o raro buscador O refúgio no mar, como um farol Oh mestre dos mestres, Abdul Qadir

Quantos milagres apareceram ao observador Transcendendo normas na presença do presente Adornado com perfeição, um rosto radiante Para si, meu senhor, Sheikh Abdul Qadir

Da linhagem do Mensageiro, o decreto do Senhor Guiado por Muhiddin, Abdul Qadir, o Ajudante A luz dos xeques, o promotor da aurora Oh virtuoso em essência, Abdul Qadir

Esforçaste-te em auxílio de Deus, o Criador Com um interior puro e sereno, um bom coração Escolhendo actos justos, lágrimas a correr Oh influenciador da proximidade, Abdul Qadir

A castidade desabrochou, o perdão e a piedade Desapego do mundo com um coração puro Amor pelo Senhor com um desejo abundante Oh, exaltado nas fileiras, Abdul Qadir

Quantos dignitários visitaram o teu túmulo Académicos, nobres e mercadores Até cristãos por respeito Oh dissipador de falhas, Abdul Qadir

Oh, possuidor de virtudes, sê o meu apoiante Na audição, na visão e na duração da vida Oh, acumulador de bondade, Abdul Qadir

Sê o meu refúgio no dia do orgulho Para as dificuldades mundanas e para o último dia Sê o meu tesouro no dia da abundância Oh, mais alto na hierarquia, Abdul Qadir

Que as bênçãos de Deus estejam sobre o Profeta puro E a sua família, a sua recordação um tesouro E os companheiros e seguidores, pessoas de distinção Sobre ti, oh Xeque Abdul Qadir

"O preço do paraíso e tudo o que nele existe, de mãos dadas Recitando os louvores do seu Senhor, uma caridade para com Deus

Atingiu uma vida de piedade, aderindo à ascese Apegar-se à dignidade, procurar a verdade, uma caridade para com Deus

Os seus negócios mundanos, casados por desejos mundanos Divorciados por amor e ódio três vezes, uma caridade para com Deus

Quantas composições em prosa e verso foram oferecidas com cartas, uma caridade para com Deus

Se, na assembleia dos sábios, lhes perguntassem quem, de entre eles, aperfeiçoou a ciência, diriam: a caridade para com Deus

O soberano do conhecimento, único em todos os tempos Um líder na sua época, um Imã, uma caridade para com Deus

O filho do guardião, Salomão, que acendeu um fogo em Meca,
apagou-o, uma caridade para com Deus

Ahmed, um sol a brilhar, e o meteoro a rezar Acrescentado à fé,
uma caridade para com Deus

As suas preocupações absorvidas por Deus, foram emancipadas As
suas famílias elevadas, abençoadas por Deus

Que as bênçãos estejam sobre aqueles que visitam o seu túmulo E
sobre a sua família e companheiros, paz, uma caridade para com
Deus, uma caridade para com Deus"

Takhmis Qasida al- Burda de Busiri

O xeque Muhammad bin Abi Sa'id Al-Busiri (611-695 Hijri)
compôs um famoso poema conhecido como "Qasida al-Burda" em
louvor do Profeta Maomé (que a paz esteja com ele). Este poema é
também chamado "A Cura das Aflições", porque terá curado o
autor de uma doença grave. De acordo com a história, o Profeta
(que a paz esteja com ele) apareceu ao autor num sonho após a
conclusão do poema e ofereceu-lhe o seu manto, o que levou à
recuperação completa do autor. Este poema continua a ser recitado
e apreciado em mesquitas e lares, e o seu significado é ensinado em
algumas escolas árabes. O "Qasida al-Burda" é considerado uma
das melhores formas de louvor que exprimem o amor pelo Profeta
Maomé (que a paz esteja com ele). O Sheikh Sadaqathullah

interpretou maravilhosamente este poema, partilhando o amor e os sentimentos expressos por Al-Busiri, fundindo as suas próprias emoções com as do poeta original.

De facto, o Sheikh Sadaqathullah fez uma esplêndida interpretação do famoso poema "Qasida al-Burda" de Al-Busiri, um famoso poeta islâmico do século VII, que celebra as virtudes do Profeta Maomé (que a paz esteja com ele). Este poema é também conhecido como "A Cura das Aflições", porque a sua recitação supostamente curou o autor de uma doença grave, uma vez que o Profeta (que a paz esteja com ele) apareceu no sonho do poeta após a conclusão do poema e ofereceu-lhe o seu manto, o que resultou na recuperação completa do poeta.

O poema original começa com o seguinte verso:

"Aqueles que se lembram dos vizinhos de Di-Salam,
Do canto do olho escorriam lágrimas misturadas com sangue".

Mas o Sheikh Sadaqathullah alterou o versículo mencionado, que é o seguinte:
"Ó tu que choras pelos perdidos, que sentes esta dor,
O teu desejo tornou-se conhecido entre a criação.
Diz-me, estás em segurança e em paz?
Aqueles que se lembram dos vizinhos de Di-Salam,

Do canto do olho escorriam lágrimas misturadas com sangue".

E o Xeque Sadaqathullah acrescentou mais dois hemistíquios como
:

Entre a tua barba e as tuas coxas, distingo-as,
Enriquecedoras em conselhos e lealdade, por isso dou-lhes
prioridade.
E separado das pessoas e da vida mundana, selecciono-os,
Contrariem os vossos desejos e Satanás, e desobedeçam-lhes.

"Se ambos se limitarem a aconselhar-vos, rejeitai-os,
Não lhes dêem ouvidos para conselhos ou julgamentos.
Não procureis obter deles uma ordem ou um julgamento.
Obedeçam ao vosso Deus, um governante justo,
E não lhes obedeças como a um rival ou a um juiz,
Porque tu conheces a arte do rival e do juiz".

Além disso, aprofundou os significados do poema, sublinhando a
profundidade do amor pelo Profeta Muhammad (que a paz esteja
com ele) e fundiu os seus próprios sentimentos com os de Al-
Busiri, demonstrando uma paixão e afeição partilhadas pelo
Profeta. O Xeque Sadaqathullah acrescentou as suas estrofes,

desenvolvendo os temas da sinceridade, da devoção a Deus e do distanciamento das tentações do mundo e das suas distracções.

Takhmis Qasida Banat Suad

Kaab ibn Zuhayr ibn Abi Salma viveu durante o tempo do Profeta Maomé (que a paz esteja com ele) e foi um grande poeta antes do Islão. Depois de abraçar o Islão, começou a compor poemas que elogiavam o Profeta Maomé (que a paz esteja com ele). Um dia, foi ter com o Profeta Muhammad (que a paz esteja com ele), que estava sentado com os seus nobres companheiros, e recitou o seu poema, composto por 63 versos, em frente do Profeta e dos seus companheiros. O coração do Profeta Muhammad (que a paz esteja com ele) ficou profundamente tocado e ele atribuiu a Kaab ibn Zuhayr numerosos prémios valiosos. Este poema tornou-se extremamente famoso. Kaab ibn Zuhayr, que Alá esteja satisfeito com ele, compôs um magnífico poema em louvor do Profeta, conhecido como "Banat Su'ad". O Xeque Sadaqathullah desenvolveu-o, acrescentando 189 linhas, com três linhas em cada verso (de duas linhas).

"Boas notícias! O Desejado e o Objetivo pretendido foram alcançados,
Parabéns a este servo, lavado no perdão.
Alegre é a recolha do bem e a sua colheita,

O infortúnio desapareceu, e que belo triunfo alcançado.

Todo o louvor é devido a Alá, e do que é privado, eu sou separado."

O poema de Kaab ibn Zuhair começa com o seguinte verso:
Su'ad partiu, hoje o meu coração voltou-se,
Encantado com o seu impacto, nunca humilhado".

E o Sheikh Sadaqathullah alterou o verso mencionado da seguinte forma:

Felicidade oportuna e chegada aceite,
Abraçar o amor do Amado, que é adorado.
No seu amor, com o cordão da pressa, segurava,
Su'ad partiu, hoje o meu coração voltou-se,
Encantado com o seu impacto, nunca humilhado".

Acrescenta depois:
"Louvado seja Alá, através da fé, encontrei o contentamento,
Protegido das provações, mantido distante.
Nunca me culpou pelo que me tinha detido,
Prova que o Mensageiro de Alá cumpriu a sua promessa.
O perdão do Mensageiro de Alá, um lugar de honra.

Dispersei a minha vida em erros, com remorsos,

Como se tivesse sido desculpado, profundamente arrependido.

Agora, de mim, a angústia foi-se embora,

Porque eu vim ter com o Mensageiro de Alá, arrependido,

E o perdão do Mensageiro de Alá, aceito."

E o Sheikh Sadaqathullah conclui os Mukhammas com as seguintes linhas:

"Deus está satisfeito com o que flui e transborda,

Para aqueles cuja verdade é bem conhecida e defendida.

Aquele que possui a verdade é fortificado e apoiado,

E a família e os companheiros, estão associados à sabedoria e à sagacidade,

E aqueles que os seguem, são verdadeiramente a essência da excelência.

Este poema Mukhammas é frequentemente recitado por muitos muçulmanos no Sul da Índia durante as suas celebrações familiares ou religiosas. Quando examinamos os versos, compreendemos que o xeque Sadaqathullah reflecte o poeta original na organização das palavras e no emprego das expressões. Assim, é evidente que ele imitou até os poetas da era pré-islâmica.

Dukhr al- Ma' ad

O xeque Imam Muhammad bin Said Al-Busiri é o autor do famoso poema "Al-Burdah". Os versos originais deste poema foram também compostos por Al-Busiri e encontram-se no livro "Dhukhr al-Ma'ad", com 204 linhas. O xeque Sadaqathullah acrescentou-o a um total de 612 linhas. Estes versos ainda não foram impressos, mas o Xeque Sadaqathullah dedica-se a louvar o Profeta Maomé (que a paz esteja com ele) através deste poema, tal como fez com as suas outras composições.

"Jóias da minha poesia em louvor de Muhammad
Iluminar todos os tempos, exceto Maomé
Para o seu louvador, se o fogo o encontrar, extingue-se
Um paraíso de delícias é a recompensa do louvador de Ahmad
E o atento, com todos os bons traços, ele adorna"

O poema é uma descrição do elogio e da devoção ao Profeta Maomé ao longo da sua vida. Fala dos seus versos poéticos, em especial do seu empenho em louvar o Profeta, da sua criatividade e do seu domínio da linguagem. Também menciona os seus poemas sobre outras figuras veneradas no Islão, como académicos e líderes espirituais, incluindo o xeque Muhyiddin Abdul Qadir al-Gilani e o xeque Shahul Hamid al-Nagoori (R A).

Este texto aborda o extenso trabalho do Xeque Sadaqathulla de melhorar uma peça poética do Imã Abu Bakr Muhammad

Baghdadi. Expandiu os versos originais acrescentando três dísticos por cada dois no poema original, resultando numa estrofe com cinco dísticos. Este esforço resultou em 1218 dísticos das 21 estrofes originais de 29 dísticos cada. Além disso, acrescentou mais oito estrofes para cada rima, cada uma composta por cinco dísticos, totalizando 29 estrofes para cada letra do alfabeto árabe. Além disso, acrescentou uma última estrofe, perfazendo 30 estrofes para a letra "Meem", que significa o nome do Profeta Maomé, aumentando assim a sua importância. O xeque Sadaqathullah ganhou reconhecimento como um notável poeta de louvores ao Profeta, em especial pelo magnífico aperfeiçoamento deste poema, demonstrando a sua mestria linguística e poética.

No entanto, a distinção entre o original e os versos adicionais não é tarefa fácil devido ao seu alinhamento linguístico e estilístico. O texto aborda o extenso trabalho do xeque Sadaqathullah na melhoria de um poema do imã Abu Bakr Muhammad Baghdadi. Esta versão melhorada, designada "Al-Watrya", inclui 4210 dísticos no total. Subtraindo os 1217 dísticos contribuídos pelo Xeque Abu Bakr, restam 2992 dísticos únicos atribuídos especificamente ao Xeque Sadaqathullah. Isto indica que o Xeque Sadaqathullah escreveu mais do dobro do que o poeta original, o Xeque Abu Bakr (R.A).

O xeque Sadaqathullah pretendia melhorar cada duas linhas dos versos do xeque Abu Bakr. Este "melhoramento" implicava acrescentar três dísticos a cada dístico original, fazendo com que cada estrofe fosse composta por cinco dísticos. Assim, as 21 estrofes originais, cada uma com 29 dísticos, tornaram-se 1218 dísticos. Além disso, para cada rima, o Sheikh Sadaqathullah acrescentou oito estrofes adicionais, cada uma contendo cinco dísticos. Isto resultou num total de 29 estrofes para cada letra do alfabeto árabe. Além disso, acrescentou uma estrofe, composta por cinco dísticos, especificamente para a letra "Meem", que significa o nome do Profeta Maomé, como forma de elevar o seu significado.

Devido à semelhança de linguagem, estilo e expressão entre o original e os versos adicionais, a distinção entre eles não é simples. O excerto que forneceu começa com versos que utilizam o esquema de rima "Alif". O trabalho meticuloso e a mestria poética do Sheikh Sadaqathullah granjearam-lhe o reconhecimento como um poeta prolífico de louvores ao Profeta, sendo esta melhoria particular do poema considerada uma das suas obras-primas.

Em nome de Deus, louvado seja,
O Ahmad, de facto, é elogiado em todas as estações.
Submeto, submeto inúmeras submissões, sem medida,
Eu rezo, orações que enchem a terra e os céus.

Para aquele que detém o posto mais elevado,

Expressa o seu amor pelo Profeta, que a paz esteja com ele, nas seguintes linhas:

O teu amor habita na minha carne e nos meus ossos,

Não há entrada para Satanás nas veias do meu coração.

Aqui não há espaço para dúvidas, nem para o pecado,

Certamente, a minha esperança em ti reside no interior.

Jardins do paraíso, cheios de serenidade".

Entre os poetas árabes, nenhum descreve o seu amor pelo Profeta (que a paz esteja com ele) como o faz o Xeque Sadaqathullah, retratando que o amor do Profeta permeia a sua carne, ossos e sangue com toda a certeza. Satanás não pode entrar no seu coração porque está cheio de amor pelo Profeta (que a paz esteja com ele), fazendo com que Satanás fuja para longe.

Sadaqathullah, pessoalmente, menciona a razão que o levou a compor os "takhmis" (poesia pentagonal melhorada) neste verso: "No meu caminho para o Hajj, visitei 'Malibar' e vi o 'Qaseeda Tarabiya' numa forma maravilhosamente melhorada, o que aumentou o meu desejo de compor um poema 'Al-Witriya' igualmente melhorado."

Ao longo da sua vida, o xeque Sadaqathullah ficou conhecido por elogiar extensivamente o Profeta e por ter uma estreita ligação espiritual com ele. Os temas presentes na sua poesia abrangem uma vasta gama. Em primeiro lugar, dá mais ênfase ao louvor do Profeta do que a qualquer outra coisa. As suas composições poéticas especificamente dedicadas ao elogio do Profeta destacam-se entre outros temas explorados na sua poesia.

E agora, vamos explorar alguns versos da sua poesia que louvam o Profeta, que a paz esteja com ele.

"Eu perpetuo, no universo, um louvor contínuo,
Prolongado ilimitadamente, mesmo se for contado por inteiro.
Quando velado pelo Senhor e protegido, enviado,
Estabeleço uma estação onde não há mais ninguém.
Os véus da majestade desfazem-se perante ele,

Ele alcança a proximidade no outro mundo através do seu amor,
Resgatar de todas as adversidades com o seu afeto.
Os que o cantam e os que o amam,
Continuai a louvá-lo, porque os corações o amam,
Manifestando as suas qualidades sempre que elas são descritas".

"Ele eleva-se nas virtudes acima de tudo, na sua origem,
Adão, Noé, Moisés - nenhum se assemelha a ele.

Da mesma forma, Jesus e o amado Ibrahim,

Bendito seja Aquele que criou o melhor dos mensageiros.

A sua comunidade deu origem à melhor nação,

Exaltando-o acima de todos os líderes das nações.

E descreve o carácter do Profeta (que a paz esteja com ele):

"O teu rosto brilha como a lua cheia radiante,

Sombreados pelas nuvens, mas com o benefício do seu mestre.

Até os cavalos se prostram humildemente diante de ti,

Saciar a sede dos poços, fazer massa de novo.

Nos momentos de adversidade, só te tornaste mais doce,

Água mais clara do que clara, com o medidor hábil da vida".

"O teu discurso, tão doce e tão puro,

Não há falhas, nem críticas.

Dissipar os hereges com tanta facilidade,

A vossa vida radiosa sobressai, por favor,

Uma lua brilhante rodeada pelas suas estrelas".

"Se a tua essência provar a bebida que seguras,

Ajoelhar-se-ia em adoração, verdade seja dita.

Se um olho visse o reflexo que tu fazes,

Nunca se afastaria, mantendo-se firme.

Mas pela Tua graça, dura eternamente,

O Trono, a Cátedra e os véus são ultrapassados.

Em direção a ti, as minhas iluminações convergem,

A vós, manifestam-se, à vossa beira".

"E quantos sinais em seu louvor Deus teceu,

De facto, na criação, sois um símbolo escolhido.

Um amado para Ele, entre os mais nobres escolhidos,

Por três características, Alá escolheu de forma única.

Por Deus, mesmo que eu jurasse, não iria fibrar,

Porque a Sua visão, no Onividente, é uma costela preciosa."

"Uma visão para o olhar de quem tudo sabe,

Um coração verdadeiro, presente diante do seu Senhor.

Mais perto do que o comprimento de dois arcos ou mesmo mais perto,

De perto, nenhum observador é mais claro.

Amado e amante, louvado e aclamado,

Ahmad, o louvável, para sempre famoso".

"Conhecedor, vidente, revelador e percetivo,

Onisciente, claro, explicador que recupera.

Apoiante generoso, apoiante, facilitador,

Uma lâmpada radiante, testemunha, elucidadora.

Eis a excelência de todos os mensageiros numa só linhagem".

"Nele estava o melhor exemplo para aqueles

Que esperavam em Deus o alívio dos males.

Um curador de feridas, o melhor remédio para os males,

Perdoador, indulgente, de quem não flui a ira.

Não é de guardar rancor ou procurar vingança,

A lei celestial é um olho claro, sem mácula de alcance,

A sua comunidade, uma arca, nunca foi oprimida,

A sua majestade faz com que todas as almas se curvem, impressionadas".

"Os versos do décimo oitavo ao décimo nono,

Criado pelo próprio Sheikh Sadaqah Allah Aba, define

Os seus sentimentos de perdão, de absolvição dos pecados,

Uma súplica para falar diante de Deus, procurando clemência interior.

Confessa os seus erros, ignorante que era, desviado do seu caminho,

Até que o seu coração amoleceu, através da desobediência.

Quando o amor o abraçou, a sua alma encontrou o seu caminho,

Suplicando: 'Ó meu Senhor, perdoa-me, eu te peço'".

"Ganhar conhecimento, uma busca na sintaxe e na gramática,

Abandonar as acções justas pelo que é o primeiro.

Elogiando um Profeta, Alá orientou o seu objetivo,

Recolhendo pecados, depois subindo, nunca mais o mesmo,

Pois quem transgrediu procura a sua ascensão,

Àquele que perdoa, a sua única intenção".

"Malfeitor, sou um pecador que teme ser exposto,

Contrariando a orientação, revelando o recinto da transgressão.

E eu louvo em teu nome,

Entristecido, por ter reunido as falhas, a culpa é minha.

Arrependido, mas para ti me esforço,

Triste, mas para ti, as minhas aspirações prosperam".

"Deixa-me, ó Mensageiro de Deus, exaltar-te em cântico,

Guiando todos em direção ao brilho que lhes pertence.

Através de ti, procuro o caminho justo a percorrer,

Que a devoção da minha alma no teu amor seja casada.

A tua súplica guia-me no caminho,

Invocando a vossa orientação, os meus passos na orientação alimentam-se".

Os muçulmanos do estado de Tamil Nadu, na Índia, bem como do Sri Lanka e os que emigraram de Tamil Nadu, Myanmar e Serendib, residentes na Malásia e noutros locais, recitam a al-Qasida Al-Witriyah durante os primeiros dez dias do mês islâmico de Safar, tal como no mês de Muharram. As pessoas também recitam este poema todas as noites durante o mês do Ramadão. A comunidade muçulmana tamil continua a recordar a personalidade estimada e os serviços valiosos da pessoa mencionada, expressando gratidão, apreço e respeito. Recitam estes poemas nas suas principais mesquitas, apreciando e admirando a sua eloquência, magnificência e o brilhantismo do seu poeta.

Bibliografia

Al-Attas, S. M. N. (1993). Islam and secularism. Kuala Lumpur: ISTAC.

Al-Dimasyqi, A.-I. A.-N. (2016). Syarh Shahih Muslim. Dar al-Kutub al-`Ilmiyyah.

Allen, C. (2013). Islamophobia. In Islamophobia. https://doi.org/10.4324/9781315745077-41

al-Maraghi, M. (2002). Tafsir al-Maraghi. Beirute: Darul Fikir.

Al-Qaradawi, Y. (2010). Islam an introduction. Kuala Lumpur: Islamic Book Trust.

al-Qurtubi, A. A. M. ibn A. (2014). Tafsir al-Qurtubi (Vol. 20). Beirute: Dar al-Kutub al-'Ilmiyah.

Al-Qushayri, I. (2018). Tafsir al-Qushayri. Dar Ihya' al-Turath al-Arabi.

Al-Rāzī, F. (2000). Al-Tafsīr al-Kabīr aw Mafātih al-Gayb, Vol. VII. Dar Al-Hadith.

Al-Sya'rawi, A.-I. A.-M. (2007). Tafsir Al-Sya'rawi. Qitha' al-Saqafah wa al-Kutub.

Al-Syawkani, M. bin A. (2014). Fath al-Qadir al-Jami' baina Fannai al-Riwayah wa al-Dirayah min 'Ilm al-Tafsir, Vol. 5. Dar Ibnu Hazim.

Al-Thabathaba'i. (1987). Tafsir Al-Mizan. Serviço de Publicações Islâmicas.

Al-Zuhaily, W. (2009). Al-Tafsir al-Munir fi al-Aqidah wa al-Syariah wa al-Manhaj. Dar al-Fikr.

APS (Psicologia Social Aplicada). (2017). O papel da religião na habilitação e redução do preconceito. Recuperado em 26 de dezembro de 2022, de https://sites.psu.edu/aspsy/2017/09/28/the-role-of-religion-in-prejudice-enablement-and-reduction/

Bakhshi Hazrat 'Alī Aḥmed e Rizwānur Raḥmān. (2012). Vislumbres do Alcorão Sagrado. (Nova Deli: Adam Publishers and Distributors).

Chelini-Pont, B. (2013). Relação entre Estereótipo e o Lugar da Religião na Esfera Pública. Em J. Svartvik, Jesper & Wiren (Ed.), Estereótipos religiosos e relações inter-religiosas (pp. 75-84). Palgrave Macmillan.

Geertz, C. (1977). The Interpretation of Cultures. Basic Books.

Geertz, C. (2013). A religião como um sistema cultural. In Anthropological Approaches to the Study of Religion (pp. 1-46). https://doi.org/10.4324/9781315017570

Hanafi, H. (2000). O Islão no mundo moderno: Religion, ideology and development vol. I. Cairo: Dar Kabaa.

Hanafi, H. (2006). Cultura e civilizações, conflito ou diálogo? Vol. I, o pensamento meridiano. Cairo: Book Center for Publishing.

Jafari, F. (2020). O conhecimento teológico no misticismo islâmico e no gnosticismo". Kanz Philosophia A Journal for Islamic Philosophy and Mysticism 6(2). DOI: https://doi.org/10.20871/kpjipm.v6i2.92.

Karama, M. J., & Khater, N. A. (2020). Teoria da paz educacional no Alcorão Sagrado. Al-Bayān - Journal of Qurʾān and Ḥadīth Studies, 18, 138-154. http://scholar.ppu.edu/bitstream/handle/123456789/2214/1.pdf?sequence=1&isAllowed=y

Khairulnizam, M., & Saili, S. (2009). Diálogo inter-religioso: The qur'anic and prophetic perspective. Journal of Usuluddin, 9(2), 65-94.

Khaldun, I. (2015). Muqaddimah. Cairo: Dar-Ibnu al-Aitam.

Kidwai, Salim. (1996). Hindustani Mufassirein Awr Unki' Arabi Tafsirein (em urdu) .(Nova Deli:Maktaba Jamiah).

Kokan, Moḥammad Yousuf. (1960). Árabe e persa em Carnatic, (Madras: Hafiza House).

Ma'roof M M M. (1995). *Dialeto Tamil falado pelos muçulmanos do Sri Lanka: Language as Identity classifier*. Estudos Islâmicos 34 (4).

Nashir, H. (2015). Compreendendo a ideologia de Muhammadiyah. Imprensa da Universidade de Muhammadiyah.

Nieuwkerk, K. van, LeVine, M., & Stokes, M. (2016). O Islão e a cultura popular. University of Texas Press.

Patji, A. R. (1991). Os árabes de Surabaya: um estudo de integração sociocultural. Camberra: Universidade Nacional Australiana.

Putra, A. D., Purnomo, D., & Utomo, A. W. (2019). Estudo sociológico da harmonia na diversidade: Lições de Salatiga. Walisongo: Jurnal Penelitian Sosial Keagamaan, 27(1), 69-98. 10.21580/ws.27.1.3504

Ridwan, M., & Robikah, S. (2019). Visão ética do Alcorão: Interpretação do conceito de sociologia qur'anica no desenvolvimento da harmonia religiosa. Jurnal Ilmiah Islam Futura, 18(2), 308-326. http://dx.doi.org/10.22373/jiif.v19i2.5444

Saerozi, M. (2017). Dinâmica do desenvolvimento da mesquita istiqomah em frente a uma igreja em Ungaran Central Java Indonésia. Jornal do Islão Indonésio, 11(02), 423-458. 10.15642/JIIS.2017.11.2.423-458

Saged, A. A. (2021). Honrar o ser humano com um estudo sobre a paz mundial à luz dos objectivos do Alcorão Sagrado. Quranika: Journal of Libahuts Qur'an, 19(2), 223-234.

Shareef, Moḥammed Muşţafa e Bad'iuddin Şabri. (2008). Development of Tafseer Literature in India, (Hyderabad: Osmania University).

Shihab, M. Q. (2004). Tafsir al-mishbah. Jakarta: Lentera Hati.

Shu'aib, Tayka. (1993). Arabic, Arwi and Persian in Sarandib and Tamil Nadu, (Chennai: Imaamul Aroos Trust).

Thabari, I. J. (1999). Tafsir al Thabari. Kairo: Dar al Fikr.

Zamakhsyari, M. I. U. al. (2012). Al-kassyaf 'an haqaiq al-tanzil wa 'uyun al-ta'wil fi wujuh al-ta'wil. Cairo: Dar al-Hadis.

Zubair, K M A Aḥamed. (2010). *Relação Tamil-Árabe*, ed. John Samuel G, (Chennai: O Instituto de Imprensa de Estudos Asiáticos).

Zubair, K M A Ahamed. (2012). *Eminent Scholars of Sheik Sadaqathullah Appa's Family and their contribution to Arabic and Islamic Studies,* (em árabe), Thaqafatul ḥind 54, (3&4).

Zubair, K M A Ahamed. (2013). *Qasaid al-Madaih al-Nabaviyya fi Tamil Nadu,* (em árabe), Thaqafatul ḥind 64, (4).

Zubair, K M A Aḥamed. (2017). Panegíricos do Profeta na literatura árabe, (Moldávia: Lambert Academic Publishing).

More
Books!

info@omniscriptum.com
www.omniscriptum.com
OMNIScriptum

Printed by Books on Demand GmbH, Norderstedt / Germany